Suite francese

· · · · · · · · · · · · · · · · ·

IRÈNE NÉMIROVSKY

ANALISI DEL LIBRO

Scritto da Pierre-Maximilien Jenoudet
Tradotto da Sara Rossi

Suite francese

· · · · · · · · · · · · · · · · · · · ·

IRÈNE NÉMIROVSKY

IRÈNE NÉMIROVSKY

ROMANZIERA RUSSA

- **Nata a Kiev nel 1903**
- **Morta ad Auschwitz nel 1942**
- **Opere degne di nota:**
  - *David Golder* (1929), romanzo
  - *Le Bal* (1930), romanzo
  - *Suite française* (2004, pubblicato postumo), romanzo

Irène Némirovsky nasce nel 1903 a Kiev. Figlia di un ricco banchiere ucraino, ha un'infanzia felice, ma la rivoluzione del 1917 costringe la sua famiglia a emigrare in Francia, dove Irène inizia a studiare letteratura, nella quale eccelle. Nel 1923 pubblica il suo primo romanzo, *L'equivoco,* e nel 1929 conosce il suo primo grande successo con *David Golder.* Diventa una delle più grandi figure letterarie del suo tempo.

La seconda guerra mondiale sconvolge la vita di questa giovane donna ebrea. Costretta a indossare la stella gialla, viene presto abbandonata dai suoi amici e dal suo editore. Insieme alle figlie e al marito, si rifugia in un piccolo villaggio nel centro della Francia. Nonostante ciò, nel luglio 1942 è arrestata dalla polizia francese e inviata al campo di concentramento di Auschwitz, dove muore di tifo poche settimane dopo il suo arrivo.

SUITE FRANCESE

UNA STORIA DI VITA REALE

- **Genere:** romanzo
- **Edizione di riferimento:** Némirovsky, I. (2007) *Suite française*. Trans. Smith, S. Londra: Vintage
- **Prima edizione:** 2004
- **Temi:** seconda guerra mondiale, Francia, esodo, amore, costumi, ricordi

Suite francese è il titolo di una serie di romanzi concepiti da Irène Némirovsky che sarebbero stati suddivisi in cinque volumi: *Tempête en juin* (Tempesta in giugno) e *Dolce* (Dolce) sarebbero stati seguiti da *Captivité* (Prigionia), *Batailles* (Battaglie) e infine dall'ottimistico *La Paix* (Pace). Conservate dalle figlie della Némirovsky dopo il suo invio al campo di concentramento, le prime due opere completate sono state pubblicate per la prima volta nel 2004 con il titolo *Suite française*. È l'unico romanzo ad aver ricevuto il Prix Renaudot (premio letterario francese) postumo.

Il primo volume, *Tempesta in giugno*, racconta la fuga di molti parigini dopo l'annuncio dell'arrivo dei tedeschi nel giugno 1940. Il secondo, *Dolce,* descrive la vita tranquilla di un piccolo villaggio di campagna, Bussy, durante i primi mesi dell'-occupazione tedesca.

SINTESI

TEMPESTA IN GIUGNO

Capitolo 1-8

Giugno 1940. Parigi viene bombardata e si diffonde la notizia dell'arrivo dei tedeschi. A casa Péricand si decide che Charlotte, la moglie, porterà tutta la famiglia, compreso il vecchio Monsieur Péricand, a rifugiarsi in Borgogna, mentre Adrien Péricand, il marito, resterà a Parigi. Il figlio maggiore Philippe, sacerdote, deve portare un gruppo di orfani a rifugiarsi nel sud della Francia.

Il famoso scrittore Gabriel Corte è esasperato dalle cattive notizie che gli hanno fatto perdere l'ispirazione. È costretto a mettersi in viaggio con la sua amante, Florence.

Monsieur e Madame Michaud, due impiegati di banca, sono invitati a seguire il loro capo, Monsieur Corbin, a Tours. Ma Monsieur Corbin cambia idea e la coppia è costretta a mettersi in viaggio a piedi.

Il ricco esteta Charles Langelet decide di lasciare Parigi con le sue valigie di oggetti di lusso.

Capitoli 9-19

Gabriel Corte e Florence, che si trovano sulla strada per Orléans invasa dai fuggitivi, sono costretti a dormire in macchina nel bel mezzo dei bombardamenti.

Anche i Péricand affrontano delle difficoltà durante il viaggio; Charlotte, che fino a quel momento era convinta del potere della sua ricchezza e del suo nome, si rende conto che la situazione è grave e smette di preoccuparsi della sua posizione sociale.

I Michaud si trovano anche ad affrontare la confusione dell'esodo; la folla di fuggiaschi viene cosparsa di proiettili e si verificano i primi morti. I Michaud si fermano a casa degli Angellier a Bussy e intendono prendere un treno per Tours. La coppia non sa che il figlio Jean-Marie, ferito, è ospitato nello stesso villaggio dai contadini.

A Tours, dove manca il cibo, Gabriel Corte usa il suo nome per comprare le provviste; queste vengono rubate dai suoi compagni di viaggio, offesi dal suo atteggiamento sprezzante.

I Péricand si fermano in una piccola città. Hubert, un giovane, sogna di partire per andare a combattere e decide di fuggire la notte successiva, nonostante la madre glielo proibisca. Un convoglio dell'esercito accetta di accoglierlo tra le sue fila.

I Cortes vagano miseramente, affamati e smarriti, mentre le truppe cercano di tagliare la strada ai fuggitivi. In un momento eroico, Gabriel salva la sua amante portandola dall'altra parte del ponte sotto una pioggia di proiettili tedeschi.

Nel frattempo, Hubert raggiunge Allier con il suo contingente, dove cerca di fermare il nemico. Il giovane è costernato dalla loro rapida sconfitta. Si rifugia in un villaggio vicino dove Arlette Corail, ex amante di Monsieur Corbin, lo ospita.

Capitoli 20-31

Il villaggio in cui risiede la famiglia Péricand prende fuoco in seguito a un'esplosione di polvere da sparo. Charlotte e i suoi figli partono per Nîmes, ma improvvisamente si rende conto di aver lasciato per sbaglio il suocero nel villaggio.

Charles Langelet è pieno di disprezzo per la sfortuna e la maleducazione dei suoi compagni. A corto di benzina, ruba delle lattine a una giovane coppia di cui ha conquistato la fiducia.

Il vecchio Monsieur Péricand si risveglia da solo nel villaggio bruciato e viene portato alla casa di riposo. Chiede di fare testamento: lascia i suoi beni al figlio Adrien ma, in segno di disappunto, chiede una donazione di cinque milioni a un'associazione benefica. Muore proprio mentre firma il documento.

Jean-Marie Michaud si riprende dopo alcuni giorni di delirio e apprende con disappunto la notizia della sconfitta.

Philippe Péricand cammina verso sud con il suo gruppo di adolescenti ostili. Nonostante i suoi obblighi di sacerdote, prova solo antipatia verso questi ragazzi. Si sistemano per la notte in un parco appartenente a un castello. Due ragazzi si introducono nell'edificio e, quando Philippe li sorprende, si lanciano all'attacco e lo picchiano. L'intero gruppo invade il castello e lo saccheggia. Gettato in acqua e lapidato, il prete muore.

I Péricand, rifugiati a Nîmes, apprendono della morte del vecchio Monsieur Péricand e di Philippe. Anche Charlotte crede che Hubert sia stato ucciso, ma egli appare, creando confusione. Maturato e cambiato, guarda con occhio critico alla vanità della sua famiglia.

Le Cortes raggiungono il Grand Hotel di Vichy. Gabriel è preoccupato per il suo futuro, ma si rassicura socializzando ancora una volta con i suoi amici ricchi.

I Michaud, costretti a tornare in una Parigi deserta, apprendono che l'armistizio è stato firmato. Sperano di avere notizie del figlio. Monsieur Corbin annuncia che sono stati licenziati dalla banca. Jeanne riesce a ottenere un risarcimento.

In autunno, anche Charles Langelet torna nella capitale dove riprende la sua vita quotidiana; ma viene investito da un'auto, guidata da Arlette Corail, e muore.

Jean-Marie Michaud, bloccato nel suo villaggio, vuole tornare a Parigi. Scrive ai suoi genitori e lascia il villaggio, lasciando Madeleine Sabarie, una ragazza della casa, sconvolta.

DOLCE

Capitoli 1-8

Primavera 1941. I tedeschi sono appena entrati a Bussy. Gli Angellier nascondono le loro cose. Il figlio, Gaston, viene fatto prigioniero; Lucile, la sua giovane moglie, vive quindi da sola con l'acida suocera. Un ufficiale nemico, Bruno von Falk, viene a vivere con loro.

Madeleine Sabarie è sposata con Benoît ed è madre di un bambino piccolo. Un giovane tedesco, Kurt Bonnet, si trasferisce nella fattoria. Nel villaggio i rapporti tra occupanti e occupati si calmano gradualmente. Benoît sente che sua moglie pensa sempre a Jean-Marie Michaud ed è estremamente geloso. Teme anche le intenzioni del nuovo ospite.

Capitoli 9-15

A poco a poco, Lucile conosce Bruno, cosa che fa infuriare la suocera. Per questo motivo, cerca di evitare di incontrarlo, ma a poco a poco si crea un legame tra loro. Un pomeriggio di pioggia, il tedesco va in salotto, accompagnato da Lucile, e suona il pianoforte: Lucile si innamora di lui. Un mese dopo, lui le confessa il suo amore, ma lei lo respinge, preoccupata per la sua reputazione.

Capitoli 16-22

Nel castello vicino, la viscontessa di Montmort, che sta passeggiando nel suo parco, sorprende Benoît Sabarie che sta rubando del mais dall'orto. Furioso, Benoît confessa di aver rubato dai suoi terreni, mostrando di avere ancora una pistola, cosa severamente vietata dagli occupanti tedeschi. La viscontessa decide di denunciarlo con discrezione.

Nel frattempo, Lucile sogna – a volte con gioia, a volte con tristezza – l'amore che condivide con Bruno von Falk. La notte seguente, Madeleine Sabarie bussa alla sua porta: i tedeschi sono venuti ad arrestare Benoît e hanno trovato la sua pistola, che ha usato per uccidere Bonnet prima di fuggire. Madeleine prega Lucile di nascondere il marito a casa sua e lei accetta. Il giorno seguente, il villaggio è in agitazione: chiunque aiuti Benoît sarà fucilato. Mentre Lucile scende al piano di sotto per nutrire il fuggitivo, nascosto in cantina da tre giorni, Madame Angellier la sorprende e diventa sua complice.

Nonostante l'incidente, i tedeschi organizzano una festa per celebrare l'anniversario della data della presa di Parigi, il

21 giugno, senza rivelarne il motivo ai francesi. La sera prima, Lucile e Bruno fanno una passeggiata all'imbrunire, ma la giovane donna lo respinge improvvisamente, prendendo coscienza della sua vergogna. Mentre i festeggiamenti sono in pieno svolgimento, gli occupanti apprendono di essere entrati in guerra con la Russia. Vengono rapidamente inviati al fronte. Madame Angellier incoraggia Lucile a chiedere a Bruno un permesso di viaggio per consentire a Benoît di andare a Parigi, cosa che lei ottiene. Bruno e la giovane donna si salutano commossi.

STUDIO DEL CARATTERE

I PÉRICAND

I Péricand sono una famiglia della classe media e discendono dalla nobiltà, cosa che li rende molto orgogliosi. Estremamente ricchi e circondati da un esercito di servitori sottomessi, non sono dipinti sotto una buona luce. Nel libro spiccano tre membri della famiglia:

- Charlotte, la madre, è la forza trainante della famiglia. Ha quarantasette anni, un viso "pallido e angosciato" (capitolo 2, *Tempesta in giugno*) ed è schietta e autoritaria. Molto religiosa, questa madre di cinque figli si vanta di essere l'incarnazione dell'alta società e dei valori morali in un mondo caotico. Ma, in realtà, i suoi buoni principi nascondono la preoccupazione di preservare la rispettabilità del suo nome e della sua fortuna. Ricca e avara, rappresenta la piccola borghesia separata dalla realtà. Inoltre, se mostra carità verso il suocero, è solo nella speranza di ereditare la sua immensa fortuna. Inoltre, sebbene affermi di essere una madre amorevole, sembra provare solo un discutibile dolore nell'apprendere la morte dei suoi figli, Philippe e Hubert; pensa piuttosto all'immagine eroica che la loro morte porterà.

L'autrice guarda in modo critico e ironico a questo personaggio, che mostra la sua vera natura durante gli eventi; dietro la facciata di questa grande signora si nasconde una donna amara ed egoista, incapace di compassione e persino di amore materno.

- Philippe, il figlio maggiore, è un uomo robusto: "Aveva le guance ben colorite, folte sopracciglia nere e un aspetto sano e robusto" (capitolo 4, *Tempesta in giugno*). Diventato sacerdote, gli viene affidato il compito di portare gli orfani dei Bambini Penitenti, un'associazione di beneficenza del padre di Monsieur Péricand, in un luogo più sicuro nel sud della Francia. Nonostante la sua vocazione, non riesce a simpatizzare con gli adolescenti smarriti e mostra loro solo disprezzo. Tuttavia, mentre un'alchimia sembra avvicinarlo al gruppo, le cose peggiorano quando il prete li espone alla tentazione. Philippe dimentica (ed è l'unico personaggio del romanzo a farlo) di non avere la loro stessa posizione sociale e per questo difetto lo linciano selvaggiamente.

Il personaggio di Philippe Péricand sembra essere patetico; incapace di adempiere alle sue responsabilità, incontra la sua triste fine per mano dei suoi protetti e non a causa della guerra che infuria. Il suo viaggio è quindi un completo fallimento.

- Hubert, il figlio più giovane, è un ragazzo frustrato: troppo giovane per combattere, sente comunque il desiderio di partecipare alla battaglia con la stessa intensità. Pieno di fantasie eroiche, finisce per infrangere le regole della madre e partire per il fronte. Tuttavia, la sua azione non ha successo: i francesi vengono immediatamente sconfitti e dispersi, il che fa infuriare il giovane. Ospitato da una seducente ballerina e poi alla ricerca della sua famiglia, Hubert vive il suo rito di passaggio nel corso del romanzo. All'inizio è un adolescente, diventa un adulto, poi si ribella all'immagine della madre borghese e ipocrita.

GABRIEL CORTE E CHARLES LANGELET

Gabriel Corte è un famoso scrittore parigino, "con le movenze crudeli e languide di un gatto, le mani morbide ed espressive e il viso romano un po' pieno" (capitolo 4, *Tempesta in giugno*). Quest'uomo altezzoso, egoista ed egocentrico non è in grado di amare nessuno se non se stesso; sopporta la sua amante, Florence, solo perché lei accresce eccessivamente il suo ego. Costretto a mettersi in viaggio, non sopporta di trovarsi nella stessa situazione dei suoi coetanei e sopporta ancor meno di patire la fame e la paura. Di fronte alla realtà, non riesce a comprendere ciò che sta accadendo, che lo terrorizza, e preferisce vivere nel suo mondo, convinto che la ricchezza e la raffinatezza siano sufficienti a salvarlo.

Charles Langelet è un vecchio e ricco esteta di circa sessant'anni che conduce una vita agiata; grasso e bianco, si crogiola nel lusso. Quest'uomo ricco è anche sprezzante nei confronti delle classi inferiori e pieno di sé. Vigliacco, tirannico e molto tirchio, ricorda al lettore il personaggio di Arpagone ne *L'avaro* di Molière (commediografo e drammaturgo francese, 1622-1673): "Egli [...] andò nel suo ufficio a prendere il martello e i chiodi per chiudere la cassa da imballaggio. La portò lui stesso in macchina: non c'era bisogno che il portiere sapesse cosa stava trasportando" (capitolo 7, *Tempesta in giugno*). Questo personaggio grottesco sembra essere insopportabile agli occhi della stessa autrice, che gli attribuisce senza esitazione i peggiori difetti caratteriali e gli assicura una fine particolarmente ironica.

I MICHAUDS

Maurice e Jeanne Michaud sono una coppia che lavora in banca con un reddito modesto. I due personaggi dimostrano una serena armonia per tutto il romanzo e sembrano essere gli unici a incontrare il favore dell'autrice in *Tempesta in giugno*. Uniti dall'amore e dalla preoccupazione per il loro unico figlio, riescono, nonostante le difficoltà, a mantenere una certa distanza dagli eventi.

I Michaud sono presenti sullo sfondo per tutta la trama; occupano buona parte della storia nel primo testo e mantengono indirettamente il loro posto in *Dolce*. Infatti, Lucile riceve una loro lettera e decide di inviare Benoît Labarie da loro alla fine della storia.

Jean-Marie, il figlio, è un giovane studente sensibile che sogna di leggere libri ma si ritrova, senza rendersene conto, nel bel mezzo dei tumulti della guerra. Ferito, si riprende ma sente ancora il peso del fallimento. Il suo personaggio è un tema centrale in *Suite francese* e ha un ruolo altrettanto importante nel secondo romanzo, anche se è assente, a causa della sua breve storia d'amore con Madeleine Labarie.

LUCILE ANGELLIER

Lucile, "una giovane donna – bella, bionda, con gli occhi scuri, ma con un atteggiamento tranquillo e modesto e un''espressione lontana'" (capitolo 1, *Dolce*), è insoddisfatta della sua vita. È sposata senza amore con Gaston Angellier, un uomo avido e infedele, ed è costretta a vivere con la suocera ostile in una tetra casa borghese a Bussy. Supporta stoicamente la sua pietosa quotidianità, che viene presto stravolta dall'arrivo dell'ufficiale tedesco Bruno von Falk. Lucile scopre una passione ambigua, tra amore e vergogna, che le permette di evitare la realtà. Ma è anche il motivo per cui lui se ne va, perché lei si rifiuta di cedere ai suoi desideri, ritrovandosi alla fine del romanzo in una situazione di solitudine.

Lucile rappresenta, dal punto di vista dell'autore, l'individuo che viene sacrificato per il gruppo; è costretta a sopprimere i suoi desideri e la sua libertà per conformarsi alle esigenze dell'epoca e della società. Il suo personaggio suscita simpatia nel lettore, anche se rappresenta un cliché a causa della sua breve e infelice storia d'amore con il nemico.

MADELEINE LABARIE

Madeleine appare per la prima volta in *Tempesta in giugno*; è, insieme alla sorella Cécile, una delle giovani contadine che aiutano Jean-Marie Michaud a riprendersi. Rimasta orfana in un ospedale parigino, viene adottata dalla famiglia Labarie e promessa in sposa al figlio Benoît, all'epoca imprigionato dai tedeschi. La giovane si affeziona a Jean-Marie, ma questi torna a Parigi proprio quando torna il suo fidanzato e lei lo sposa. Insoddisfatta e sognando la tenerezza, Madeleine non riesce a dimenticare il parigino ferito. In questo modo, contribuisce a far progredire la trama, poiché è il suo amante perduto a spingere il marito, ubriaco di gelosia, a uccidere il sofisticato Bonnet.

Il suo personaggio ha un ruolo secondario nella storia, ma rimane molto presente sullo sfondo. Inoltre, costituisce l'unisono tra i due romanzi.

ANALISI

LA STRUTTURA DELL'OPERA

I personaggi come elemento strutturale

Suite francese permette al lettore di seguire ciò che accade in luoghi diversi e allo stesso tempo grazie a una moltitudine di personaggi. Sono proprio questi personaggi diversi a strutturare la storia e a fornire un filo conduttore all'intera vicenda. Il romanzo inizia con quattro gruppi che il lettore seguirà: i Péricand, Gabriel Corte e la sua amante, i Michaud e infine Charles Langelet. A questi personaggi se ne aggiungono altri nel corso del racconto: ai Michauds si aggiunge il figlio Jean-Marie, Monsieur Corbin, a sua volta legato ad Arlette Corail, ecc. Corail incontra anche Hubert Péricand e investe Charles Langelet, mentre i Péricand si disgregano all'insaputa di padre Philippe. Pertanto, il lettore si rende gradualmente conto che ogni personaggio svolge un ruolo nella strutturazione della storia, creando collegamenti tra i capitoli.

Inoltre, Jean-Marie Michaud ha un ruolo particolarmente importante nell'opera, poiché crea l'unità tra i due romanzi. Se all'inizio è presentato come il figlio dei Michaud, che essi cercano disperatamente, diventa un personaggio a sé stante nel capitolo 24, quando si risveglia nella casa dei contadini di Bussy e incontra la giovane Madeleine Labarie. Pur lasciando il villaggio alla fine di *Tempesta in giugno*, rimane presente sullo sfondo di *Dolce*, essendo la causa della gelosia di Benoît Labarie.

Il ritmo della narrazione

Per catturare l'attenzione del lettore, che potrebbe perdersi nella serie di personaggi, l'autrice ricorre spesso a metodi narrativi come sviluppi inaspettati e cambi di ritmo. Ad esempio, mentre i Péricand si sistemano pacificamente per la notte in un villaggio, esplode una polveriera che costringe la famiglia a fuggire e a dimenticare il suocero. Allo stesso modo, quando il lettore si aspetta di vedere la giovane Lucile soccombere al fascino del suo occupante tedesco in *Dolce*, avviene un omicidio.

Inoltre, la chiusura di ogni capitolo è essenziale per garantire che il lettore sia interessato alla storia; l'autrice presta molta attenzione al finale dei suoi capitoli. A volte usa l'umorismo per concludere, come nel capitolo 6: "Cosa sta succedendo? È una follia! Domani saremo ancora qui, [...] di cosa avete bisogno, padre?" [...] "Monsieur vuole che lo riportiamo di sopra... a fare la pipì" (*Tempesta in giugno*). Altre volte, il lettore è tenuto sulle spine da accenni o indizi alla fine di un capitolo, come quando Arlette Corail desidera il giovane Hubert. Sebbene Irène Némirovsky voglia affrontare un evento grave della sua epoca e ritrarlo in modo realistico, continua a fare affidamento sugli strumenti narrativi e li usa per creare suspense e aspettative nella storia.

UN RITRATTO POCO GENTILE DELLA SOCIETÀ FRANCESE

Suite francese offre una satira feroce dei contemporanei di Némirovsky e dell'umanità in generale. Il romanzo mostra il volto nascosto di molti personaggi, rivelato dagli eventi.

Tutte le categorie sociali sono sottoposte alla visione critica dell'autrice.

La classe dominante è rappresentata dalla viscontessa di Montmort, che rappresenta la nobiltà, dalla famiglia Péricand e da Madame Angellier, che incarnano l'alta borghesia o anche dal prete Philippe, che fa parte del clero.

Questi personaggi privilegiati, istruiti e colti si rivelano avere i peggiori difetti. Pur essendo ricchi, sono anche avari: Charlotte Péricand indossa camicette di seconda mano e Madame Angellier preferirebbe morire piuttosto che offrire il suo vino migliore. Sono tutti pieni di disprezzo verso i loro compagni di sventura se non sono dello stesso rango. Gabriel Corte e Charles Langelet sono disgustosamente vigliacchi oltre che crudeli; quest'ultimo non esita a rubare benzina alle spalle di una giovane coppia di cui aveva conquistato la fiducia ("Con calma, sempre con calma [...], salì sull'auto accanto alla sua, slegò le taniche di benzina..." (Capitolo 22, *Tempesta in giugno*)). Incapaci di allontanarsi dalle loro lussuose comodità e di crogiolarsi nella loro vanità, non sorprende apprendere in *Dolce* che questi personaggi collaborano addirittura con i tedeschi: "La gente sussurrava i nomi dei collaboratori (e i loro nomi venivano trasmessi ad alta voce dalla radio inglese ogni sera): i Maltêtes di Lione, i Péricands di Parigi, la Banca Corbin... e anche altri" (capitolo 19, *Dolce*).

Le classi dominate sono rappresentate in modo altrettanto copioso, ma l'autore ci va giù pesante, suscitando persino simpatia, in particolare attraverso i coniugi Michaud. Questi semplici impiegati di banca diventano, nel corso del testo, gli unici personaggi ad agire nobilmente, uniti dal loro amore e dal desiderio di ritrovare il figlio.

Più in generale, la Némirovsky diventa una testimonianza realistica e dura dell'uomo che perde la sua posizione sociale quando il suo mondo viene stravolto. In questo modo, l'autrice mostra nella sua opera il processo di disumanizzazione della guerra che porta l'umanità a uno stato animalesco, inducendo l'uomo a lottare per la sopravvivenza e a rivelare chi è veramente.

UN ROMANZO NEL CUORE DELLA STORIA

Un romanzo storico

Suite francese racconta gli eventi che hanno avuto luogo dall'estate del 1940 all'estate del 1941, durante l'esodo e l'occupazione tedesca della Francia. In quanto tale, si può dire che l'opera della Némirovsky è un romanzo storico.

La storia di *Tempesta in giugno* inizia infatti con l'arrivo dei tedeschi a Parigi nel giugno 1940, che provoca la fuga degli abitanti. L'autrice affronta poi diversi momenti significativi della seconda guerra mondiale: il crollo finanziario, l'armistizio del 22 giugno 1940, la dichiarazione di guerra della Germania alla Russia il 22 giugno 1941 ("Beh, non se la spasseranno a lungo", disse con calma il vecchio. "Ho appena sentito alla radio che sono in guerra con la Russia". Capitolo 21, *Dolce*). La trama si sviluppa quindi sulla base di fatti storici noti. I numerosi personaggi sono a loro volta di fantasia, ma rappresentano un'immagine reale della società francese dell'epoca, il che conferisce un tocco di realismo alle loro avventure.

Scrittura della storia in corso

Nella maggior parte dei romanzi storici, l'autore è in qualche modo distante dagli eventi. Tuttavia, l'unicità di *Suite française* risiede nel fatto che la Némirovsky scrisse degli eventi mentre accadevano. Nel 1940, infatti, valutò l'importanza di ciò che stava vivendo e decise di cogliere l'attimo. Così, il 21 novembre 1940, scrisse le prime righe di *Tempesta in giugno,* raccontando l'esodo di massa dei parigini a cui aveva appena assistito. Per l'urgenza e la consapevolezza di avere poco tempo a disposizione, essendo lei stessa ebrea e quindi in pericolo, si prefisse di descrivere le vite di molteplici personaggi le cui esistenze erano state sconvolte. Esiliata nel piccolo villaggio di Morvan, si ispirò alla vita quotidiana di queste piccole comunità per scrivere *Dolce*.

Questa scrittura così vicina all'azione permette al pubblico di scoprire un aspetto poco conosciuto della storia: quello dell'individuo che lotta all'interno del gruppo. Il romanzo proietta il lettore in un'atmosfera intima e realistica, facendogli vivere o rivivere la vita dei francesi nel bel mezzo di questi eventi, incerti sul futuro del loro Paese. L'autrice non cerca di mostrare il significato della guerra sulla storia, ma lo sconvolgimento della vita quotidiana che essa ha causato.

ULTERIORI RIFLESSIONI

ALCUNE DOMANDE SU CUI RIFLETTERE...

- *Suite francese* tratta gli eventi della guerra dal punto di vista di tutte le classi sociali. Spiegate come ogni personaggio simboleggia un aspetto della società.

- Sebbene l'opera di Némirovsky sia incompiuta, quali sono le coerenze che possiamo già vedere tra *Tempesta in giugno* e *Dolce*?

- Analizzate il titolo del secondo romanzo: *Dolce*. Cosa pensate che significhi questo titolo?

- Come viene descritta la natura nel romanzo? Che differenze ci sono con la guerra?

- Come vengono descritti gli occupanti tedeschi in *Dolce*? Perché il trattamento del nemico da parte dell'autore è sorprendente?

- Riuscite a trovare dei paralleli tra *Suite francese* e famose scene comiche? A quale parte de *L'avaro* fa riferimento il comportamento di Langelet?

- Scrive la Némirovsky: "Quando, in un racconto o in un romanzo, mettiamo in evidenza un eroe o un fatto, impoveriamo la storia; la complessità, la bellezza, la profondità della realtà dipendono da questi legami tra un uomo e l'altro, un'esistenza e un'altra esistenza, la gioia e il dolore" (*La Vie de Tchekhov,* 2005). Questa affermazione si applica a *Suite francese*? Giustificate la vostra risposta.

- In che modo l'opera di Némirovsky è paragonabile a *Guerra e pace* di Lev Tolstoj?

- Pensate ad altre opere in cui la trama si svolge durante l'occupazione tedesca. In che modo l'approccio di Némirovsky è diverso?

ULTERIORI LETTURE

EDIZIONE DI RIFERIMENTO

Némirovsky, I. (2007) *Suite française*. Trans. Smith, S. Londra: Vintage.

STUDIO DI RIFERIMENTO

Némirovsky, I. (2005) *La Vie de Tchekhov*. Parigi: Albin Michel.

Vogliamo sapere da voi!
Lasciate un commento sulla vostra biblioteca online
e condividete i vostri libri preferiti sui social media!

Perché scegliere Must Read?

Scoprite tutto quello che c'è da sapere su un libro, con i nostri riassunti e le nostre analisi concise e approfondite!

Scoprite il meglio della letteratura sotto una luce completamente nuova!

www.50minutes.com

www.50minutes.com

Master ISBN: 9782808690645
ISBN cartaceo: 9782808612043
Deposito legale: D/2023/12603/1484

Copertura: © Primento

Concezione digitale a cura di Primento, il partner digitale degli editori.